BEI GRIN MACHT SICH IHR WISSEN BEZAHLT

- Wir veröffentlichen Ihre Hausarbeit, Bachelor- und Masterarbeit

- Ihr eigenes eBook und Buch - weltweit in allen wichtigen Shops

- Verdienen Sie an jedem Verkauf

Jetzt bei www.GRIN.com hochladen und kostenlos publizieren

Phänomenologie aus der Perspektive der Critical Race Studies und Queer Theorie. Gedanken zu Sara Ahmeds Werken

Josef Muehlbauer

Bibliografische Information der Deutschen Nationalbibliothek:

Die Deutsche Nationalbibliothek verzeichnet diese Publikation in der Deutschen Nationalbibliografie; detaillierte bibliografische Daten sind im Internet über http://dnb.d-nb.de abrufbar.

ISBN: 9783346414748
Dieses Buch ist auch als E-Book erhältlich.

Druck und Bindung: Books on Demand GmbH, Norderstedt Germany
Gedruckt auf säurefreiem Papier aus verantwortungsvollen Quellen

Das vorliegende Werk wurde sorgfältig erarbeitet. Dennoch übernehmen Autoren und Verlag für die Richtigkeit von Angaben, Hinweisen, Links und Ratschlägen sowie eventuelle Druckfehler keine Haftung.

Das Buch bei GRIN: https://www.grin.com/document/1014844

Seminararbeit

Die Phänomenologie aus der Perspektive der Critical Race Studies und Queer Theorie

Einführende Gedanken zu den Werken von Sara Ahmed

Josef Muehlbauer

Jan 2021

Studienrichtung: Philosophie

Studienfach: Die Phänomenologie Edmund Husserls

Inhaltsverzeichnis

1. Einleitung und Problemdarstellung

Die Phänomenologie hat in den letzten Jahren an Popularität gewonnen (Landweer & Marcinksi 2016: 7). Dieser Ansatz wurde auch von Feminist*innen aufgegriffen, um Leib und Körper sowie Affekte und Emotionen besser analytisch zu erfassen – also theoretische Lücken des Poststrukturalismus zu fühlen. Dort wird der Körper oftmals als Epiphänomen von Diskursen und Machtkonstellationen behandelt (ebd.). Schon bei Edmund Husserl, dem Gründervater der Denkschule der Phänomenologie sieht man die Unterscheidung zwischen Leib und Körper, eine Unterscheidung die später verschiedene phänomenologische Schulen weiterentwickelt haben, wie etwa Helmuth Plessner, Mourice Merleau-Ponty, Bernhard Waldenfels und u.a. Hermann Schmitz (ebd.). Der Körper bezeichnet in diesem Sinne ein sicht- und messbares Objekt im dreidimensionalen Raum, das von außen beobachtet werden kann. Leib hingegen bezieht sich auf das eigene Spüren, also auf das menschliche „In-der-Welt-sein". Gerade diese zentrale Unterscheidung macht u.a. die Phänomenologie analytisch fruchtbar für feministische, queere, postkoloniale und critical race Theorien und Denkschulen. Diese Verbindungslinien liegen nahe, weil die erwähnten Denkschulen von einer Zentralität des Körpers ausgehen (ebd.: 8) und weil sie die Selbstverständlichkeit unserer alltäglichen Erfahrungen grundlegen reflektieren und radikale Infragestellen. Das Subjekt wird immer schon als ein verkörpertes betrachtet welches sich in einer sozialen Welt wiederfindet, somit stets situiert, abhängig, affizierbar und verletzlich ist bzw. sein muss (ebd.).

Sara Ahmed, Professorin für Race and Cultural Studies, hat ihre Professur aus Protest gegen die zaghaften Maßnahmen gegen *sexual harassment* an ihrer Universität zurücklegt und verbindet nicht nur postkoloniale, radikal-feministische und phänomenologische Ansätze, sondern bringt eine weitere Dimension hinein – nämlich ein Verständnis von Phänomenologie als politischem Aktivismus (Slaby 2016: 279). Mit Aktivismus ist hier eine intellektuelle Haltung gemeint, die sich nicht nur mit inhaltlichen Überlegungen zur Verkörperung, zu Emotionen, zu Rassismus sowie zu institutioneller Unterdrückung auseinandersetzt, sondern mit Einsichten die in einem praktischen und alltäglichen Sinn auch wirksam werden können (ebd.). Es geht also nicht nur darum die Welt „wie sie ist" deskriptiv zu beschreiben, sondern die Welt „wie sie sein könnte" (Möglichkeit des Da-Seins) zu denken. Sara Ahmed kann somit als „akademische Aktivistin" bezeichnet werden. Weil Ahmed ihre Professur, also ein Teil ihrer Privilegien abgegeben hat (aufgrund ungerechter Verhältnisse), somit die Theorie mit der Praxis verbunden hat und weil sie einen wichtigen Horizont für die Politikwissenschaft und Philosophie ermöglicht durch ihre postkoloniale, queere und phänomenologische

Herangehensweise, möchte ich in dieser Arbeit einige einführende Gedanken zu ihren Werken darbieten. Dabei versuche ich folgende Forschungsfrage zu beantworten.

1.1 Fragestellung und methodologische Vorgehensweise

Inwiefern verbindet Sara Ahmed postkoloniale und queerfeministische Ansätze mit der Phänomenologie?

Um diese Frage zu beantworten gehe ich zunächst auf die Ursprünge der Phänomenologie zurück – versuche also Edmund Husserls Ansätze ein Stück weit zu rekonstruieren. Anschließend werden die zentralen Aspekte von Ahmeds Werken dargestellt und zwar aus der Perspektive der Trias folgender Denkschulen: Critical Race Studies, Queerfeminismus und Phänomenologie.

2. Theoretisch-philosophischer Zugang zur Phänomenologie

In diesem Kapital wird es darum gehen, die Phänomenologie wie sie Edmund Husserl dargestellt hat grob zu umreißen, bzw. die Kernelemente zu skizzieren. In der Einleitung wurde schon auf die phänomenologische Differenzierung zwischen Leib und Körper hingewiesen. Nun wende ich mich weiteren zentralen Kategorien bzw. Begrifflichkeiten im Denken Husserl zu, nämlich: Methode, *Noema, Noesis, Epoché*, eidetische Reduktion, Bewusstsein und Horizont.

Edmund Husserls Phänomenologie ist ihrem Anspruch nach eine „Philosophische Methode" (Held 1985: 12). Diese Methode ist auch als Weg, bzw. ein Verfahren zur Erkenntnis der Wahrheit zu verstehen (ebd.). In einem Aufsatz von 1911 formuliert er die Philosophie als strenge Wissenschaft und tritt der damaligen Vorstellung, Philosophie sei nicht Wissenschaft, sondern bloße „Weltanschauung" radikal entgegen (ebd.: 13). Husserl versuchte etwas, das vor ihm Platon und systematischer Descartes viele Jahrhunderte später versucht haben, nämlich das Ideal der Philosophie als eine radikal vorurteilsfreie Erkenntnis(-gewinnung) zu verstehen. Platon formulierte als einer der ersten: *Episteme*, wahres Erkennen, soll an die Stelle der *Doxa*, der Meinung, treten (ebd.). Der Anspruch der vorurteilsfreien Erkenntnis ist kein geringerer, als der Anspruch einer Erkenntnis die von subjektiven Befangenheiten befreit ist. Das heißt, es geht Husserl in erster Linie darum die Philosophie als eine Art „Instrument" zu verstehen mit dem man „objektive" und dauerhafte Erkenntnisse gewinnen kann (vgl. Held 1985: 12f.). Doch es geht Husserl nicht darum subjektive Sachnähe und objektive Erkenntnis gegeneinander auszuspielen. Die Forderung nach Sachnähe besitzt nämlich für Husserl gegenüber der Objektivität einen Vorrang: „Ich kann über eine Sache nur reden – sei es objektiv oder bloß meinungshaft –, weil ich voraussetze, dass sich grundsätzlich die Möglichkeit realisieren lässt, sie auf eine sachnahe Weise, sozusagen „anschaulich", „leibhaft" zu erleben" (ebd.). Im originären Erscheinen nehme ich den Bezug zur Sache erst auf und so erscheint dann die Sache für mich als etwas Erfahrbares, Erlebbares und Erkennbares. Da aber jegliches Erfahren, Erleben, Denken auf Situationen originären Erscheinens beruht, setzt auch die Erkenntnis der Gegenstände wie sie „an sich" sein mögen, subjektiv-situative Weisen originärer Gegebenheit voraus (ebd.). In dieser Konstellation wird die komplexe Fragestellung Husserls sichtbar. Denn einerseits geht er von subjekt-relative Gegebenheitsweisen aus und andererseits von objektiv Bestehende Sachen. Beide Seiten dieses Wechselverhältnisses sind unauflösbar miteinander verbunden: „Dem Gegenstand-im-Wie-seiner-Gegebenheit – dem Noema, wie Husserl in den *Ideen I* sagt – korrespondiert die Noesis, die zugehörige Mannigfaltigkeit der Vollzüge des Erfahrens, Erlebens, Erkenntnis, in denen mir eine bestimmte Art von Gegenständen originär erscheint und auch mir erscheinen kann" (ebd.: 15).

Der Neuanfang der Philosophie ist also dadurch bestimmt, dass sie als Methode Phänomene beschreibt, Phänomene welche weder bloß Gegenstände der Welt, noch reine Bewusstseinszustände (Bsp.: radikaler Konstruktivismus) sind, sondern als eine universelle Form zu betrachten sind, wie ein Bewusstsein sich auf bestimmte Gegenstände richtet (vgl. Krämer 2018). Einfach gesagt: Husserl formuliert den Anspruch, zu den „Dingen selbst" zurück zu kehren (Halbmayer 2020). Konfrontiert einerseits mit dem Positivismus (Empirismus, Naturalismus, Realismus) und andererseits mit Weltanschauungsphilosophien (Historismus, Relativismus, Lebensphilosophie) fragt er: Wie kann, was uns in der natürlichen Einstellung als eine Welt fraglos gegeben ist, so erkannt werden, dass die Gegenständlichkeit der Welt an Maßstäben von Wissenschaftlichkeit und Evidenz gesichert werden kann? Er zielt auf eine Philosophie als strenge Wissenschaft und sucht die Gelenkstelle einer „absoluten Rechtfertigung" (Vgl. Hua 1953: 5f. zit. in Krämer 2018; vgl. Halbmayer 2020). Dies gelingt, wenn ein Punkt absoluter Voraussetzungslosigkeit erreicht wird, der eine unmittelbare und apodiktische Einsicht eröffnet, welche nicht mehr bezweifelbar und hinterfragbar ist. Diesen Bereich zu sondieren setzt methodisch eine radikale Außerkraftsetzung und Einklammerung unserer natürlichen Einstellung sowie aller wissenschaftlichen Urteile voraus (ebd.). Mit dem zentralen Begriff seines Denkens, nämlich Epoché versucht Husserl eine Methode von „Ausschaltung" und „Einklammerung" zu beschreiben. In Ideen I meint er:

> „Die Thesis, die wir vollzogen haben, geben wir nicht preis, wir ändern nichts an unserer Überzeugung, die in sich selbst bleibt, wie sie ist, solange wir nicht neue Urteilsmotive

einführen: was wir eben nicht tun. Und doch erfährt sie eine Modifikation - während sie in sich verbleibt, was sie ist, setzen wir sie gleichsam ‚außer Aktion', wir ‚schalten sie aus', wir ‚klammern sie ein'. Sie ist noch weiter da, wie das Eingeklammerte in der Klammer, wie das Ausgeschaltete außerhalb des Zusammenhanges der Schaltung. Wir können auch sagen: Die Thesis ist Erlebnis, wir machen von ihr aber ‚keinen Gebrauch'" (III, S. 63).

Die Methode ist auch „die Ausscheidung aller urteilsmäßigen Setzung von Transzendenz und Urteilsenthaltung" (Vgl. Hua 1953: XX). Der Begriff der Epoché wird als Enthaltung von allen Seinsgeltungen hinsichtlich der Weltexistenz beim späten Husserl nahezu synonym mit Reduktion verwendet (Wang 2004: 1). Mit dieser Herangehensweise versucht er zum Wesen des Gegenstandes vorzudringen, bzw. durch eine „Wesensschau" näher zu ergründen. Also kann Epoché explizit als Einklammerung von Seinsetzungen und Geltungsvorannahmen betrachtet werden. Nach der Epoché kommt die eidetische Reduktion als eine weitere Stufe der Enthaltung vor eigenem Urteilen ins Spiel. Es soll dabei von allen individuellen Gegebenheiten abgesehen werden.

Ziel der phänomenologischen Vorgehensweise ist das „absolute Bewusstsein", ein Bewusstsein das eine vorurteilsfreie Erkenntnis und Wahrheitsgewinnung ermöglicht. Die natürliche Welt versteht Husserl als Bewusstseinskorrelat bzw. als Korrelat des Erfahrungsbewusstseins. Erfahrungen ordnen faktische Dinge in einem Erfahrungszusammenhang (Hua 1953: 100). Eine eidetische Reduktion bzw. eidetische Betrachtung (ebd.) sieht von Motivation, Vorurteile, Zielstrebungen ab und ist quasi eine intentionale „Übung". In diesem Erfahrungszusammenhang können auch Dinge stecken die „aktuell noch nicht erfahren wurden" (ebd.: 101), sprich im Rahmen des unbestimmten, aber bestimmbaren Horizont meiner jeweiligen Erfahrungsaktualität gehören. Zwar liegt laut Husserl (ebd.: 102) kein formaler Widerspruch in einer Welt außerhalb des Realen, aber sobald man nach der Wesensbedingung ihrer Geltung fragt, muss es notwendig erfahrbar sein (Thesis eines Transzendenten). Gegeben ist ein Transzendentes durch gewisse Erfahrungszusammenhänge (ebd.: 104). Bewusstsein (transzendentes Sein) und reales Sein (immanentes Sein) sind laut Husserl (ebd.: 105) gleichgeordnete Seinsarten (res cogitans und res extensa bei Descartes). Sein ist jedoch nur intentionales Bewusstsein, bzw. bewusstseinsmäßig Erscheinendes ist (ebd.: 106). Nach dem wir uns dessen bewusst sind und auf die Dinge eine gerichtete Akte der Reflexion (Ein- und Ausklammerung) vollzogen haben, leben wir im Grundfeld der Phänomenologie, deren Gegebenes das unendliche Feld absoluter Erlebnisse ist (ebd.: 107). Reflexion ist weder reine

Abstraktion, keine bloße Urteilsbeschränkung auf ein zusammenhängendes Stück des gesamten Seins (ebd.: 108), sondern die Erfassung der Verwobenheit der gleichgeordneten Seinsarten (*res cogitans* und *extensa*).[1] Sinngebendes Bewusstsein ist absolut, da es selbst nicht durch eigene Sinngebung erschaffen wurde (vgl. ebd.: 120). Eine absolute Realität hingegen wird von Husserl kategorisch abgelehnt (ebd.). Sein setzt für ihn absolutes Bewusstsein voraus. Doch dieses findet sich nicht wieder im Bereich der Realität (ebd.: 121). Mit diesen einführenden Gedanken zu Husserls Phänomenologie schreite ich nun zu den Werken Sara Ahmeds voran.

3. Sara Ahmeds Phänomenologie

Weitere Begriffe und Konzepte aus der Phänomenologie Husserls werden im Folgenden aus den Werken Sara Ahmeds abgeleitet (z.B. Orientierung; Intention; In-der-Welt-Sein). Damit versuche ich zu zeigen, wie die Phänomenologie für Queere und Critical Race Studien fruchtbar gemacht wurde.

3.1 Critical Race Studies

Critical Race Studies oder Critical Race Theory (CRT) begann als Bewegung in den 1980er in den US-Universitäten der Rechtswissenschaften. Mit dem Adjektiv „kritisch" wird gezeigt, dass sich diese Studienrichtung auf spezifische Macht- und Herrschaftsverhältnisse der Gesellschaft fokussiert und diese kritisch reflektiert. Die Wurzeln dieser Richtung können daher nicht nur in den kritischen Theorien (Marxismus...), sondern auch in den queeren bzw. postkolonialen Theorien gefunden werden. Das vernetzte Denken von Ungleichheitskategorien wie race, class und gender begann mit der schwarzen US-Amerikanischen Juristin Kimberlé W. Crenshaw (1989) und wird in den Sozialwissenschaften auch „Intersektionalität" genannt. Aufbauend auf dieser bestehenden Literatur und in Verbindung mit Husserls Phänomenologie versucht Sara Ahmed den theoretischen Zugang der Critical Race Studies zu erweitern.

In ihrem Werk *Thinking Through the Skin* von 2001 zeigt sie schon auf den ersten Seiten wie sie die phänomenologische Blickweise auf Körper und Leib verwendet um gesellschaftliche Herrschaftsverhältnisse, ausgedrückt in race, class und gender aufzudecken, zu dekonstruieren und zu theoretisieren. Sie formuliert es folgendermaßen:

> „This book takes the „skin" not only as its object, but as a point of departure for a different way of thinking. We seek to think about the skin, but also to think with or through the skin. Such an approach engenders a way of thinking that attends to the forms

---

[1] Diese Unterscheidung finden wir schon bei Rene Descartes (1992) Meditationen wieder.

and folds of living skin at the same time as it takes the shape of such skin, as it forms and re-forms, unfolds and refolds" (Ahmed/Stacey 2001: 1).

Haut – so Ahmed – ist eine Hülle des Körpers welche uns von anderen (vom Außen) beschützt und uns aber gleichzeitig exponiert. Die Haut ist also jene Fläche die uns mit der Um-Welt verbindet, die uns affiziert (von der Hitze der Sonne…) und die uns gesellschaftlich auch repräsentiert (schwarze Haut zur Zeit der Sklaverei). Körper sind also immer schon im Modus „In-der-Welt-Sein". Und die Haut wird hierbei als Bindeglied zwischen „Innen- und Außenwelt" verstanden. Haut wird somit zu einem Interface das zwischen dem Körper und der Welt interagiert und in ständiger Wechselwirkung steht. Diesen Gedanken der Exponiertheit und der machtzentrierte Fokus auf die menschliche Leiblichkeit kann teilweise bei Baruch de Spinoza, Friedrich Nietzsche, aber auch bei Judith Butler und Jean-Luc Nancy gefunden werden (vgl. Böhler et al. 2014).

Haut kann „gelesen" werden. Das heißt Haut hat aus dieser phänomenologischen Perspektive eine soziale Funktion. Hierfür nennen Ahmed (& Stacey 2001: 1f.) auch Beispiele. Schwarze Haut kann (nicht nur) in einer Gesellschaft von *white supremacists* oder in einer Sklavenhaltergesellschaft der Kolonialzeit eine soziale Funktion erfüllen, nämlich als Legitimationsmittel zur Unterdrückung. In der westlichen Konsumgesellschaft spielt Haut, insbesondere bei Frauen eine zentrale Rolle. Weibliche Haut wird hierbei als etwas angesehen woran Frauen arbeiten müssen um die Spuren der Zeit zu verwischen und um Zärtlichkeit auszustrahlen (ebd.). Narben, trockene Haut oder Ausschläge gelten daher als „nicht weiblich". Es gibt also Normen der Ästhetik die für Frauen und weniger für Männer eine gesellschaftliche Gültigkeit aufweisen. Auch Tattoos drücken eine jeweilige Symbolik aus, die bewusst gezeigt und exponiert wird, um wiederrum gewisse Einstellungen, Gedanken, Gefühle bei sich und bei den anderen in der Gesellschaft zu wecken. Haut kann aber auch räumlich sein, insofern die Haut sich dehnt und kontrahiert (ebd.: 2). Es gibt verschiedene Technologien wie etwa Diskurse, Medien, Ästhetik, nationale Mythen, Religionen etc. die einen erheblichen Einfluss auf die Haut bzw. die Gestaltungsmöglichkeiten von Haut haben. Eine Gesellschaft produziert und reproduziert immer wieder aufs Neue Subjekte. In dieser „Anrufung der Subjekte" (Althusser; Butler) wird gleichzeitig die Haut mit (re-)produziert. Verfolgen wir nun den phänomenologischen Aspekt von „Schwarz-Sein"/ „Weiß-Sein" bzw. schwarzer und weißer Haut tiefer.

In einem Artikel von 2007 geht Ahmed speziell auf die Phänomenologie des Weiß-Sein (*whiteness*) ein. Sie betrachtet (2007: 150) whiteness als eine Erfahrungskategorie „that disappear as a category through experience (and how this disappearance makes whiteness „worldly"). We can consider how whiteness becomes worldly as an effect of reification. Reification is not then something we do to whiteness, but something whiteness does, or to be more precise, what allows whiteness to be done." (ebd.). Weißsein ist also keine ontologische Vorannahme, nichts auf Dauer gegebenes, sondern etwas das temporär fixiert wurde und zu dem gemacht worden ist, was es im Moment ist. Insofern ist Weißsein ein laufender Prozess, eine laufende Erzählung (Lyotard) die Körper in eine spezifische Richtung lenkt „and affecting how bodies „take up" space" (ebd.). Weißsein ist folglich auch mehr als „nur" eine Hautfarbe. Sie folgt den Werken von Frantz Fanon (1986), der sich intensiv mit Kolonialismus, Rassismus und der Phänomenologie beschäftigte. Weißsein als Orientierung leitet Fanon von Husserls Ideen II ab:

„Der Leib hat für sein Ich die einzigartige Auszeichnung, dass er den Nullpunkt all dieser Orientierungen in sich trägt. Einer seiner Raumpunkte ist immerfort im Modus des letzten zentralen Hier charakterisiert, nämlich einem Hier, das kein anderes außen außer sich hat, in Beziehung auf welches es ein „Dort" wäre. So besitzen alle Dinge der Umwelt ihre Orientierung zum Leibe, wie denn alle Ausdrücke der Orientierung diese Beziehung mit sich führen. Das „Fern" ist fern von mir, von meinem Leibe. (…) Die Dinge seiner [des Subjektleib] erscheinenden Umgebung sind dabei immerfort orientiert." (HUA 1953: 159).

Dieser Nullpunkt der Orientierung macht jene Differenz aus zwischen einem „Hier" und einem „Dort". Alfred Schutz und Thomas Luckmann (Begründer des sozialen Konstruktivismus) beschreiben Orientierung als Startpunkt (Schutz/Luckmann 1974: 36 zit. in Ahmed 2007: 151). Ahmed geht diesen Nullpunkt auf den Grund und zitiert die berühmte Passage mit dem Schreibtisch von Husserls Ideen I:

„Ich kann meine Aufmerksamkeit wandern lassen von dem eben gesehenen und beachteten Schreibtisch aus durch die ungesehenen Teile des Zimmers hinter meinem Rücken zur Veranda, in den Garten, zu den Kindern in der Laube usw., zu all den Objekten, von denen ich gerade „weiß", als da und dort in meiner unmittelbar mitbewussten Umgebung seiend – ein Wissen, dass nichts vom begrifflichen Denken hat und sich erst mit der Zuwendung der Aufmerksamkeit und auch da nur partiell und meist sehr unvollkommen in ein klares Anschauen verwandelt." (HUA 1953: 57).

Es ist jenes „habituelles Wissen" (Ahmed 2007: 151) das Dinge spürt, ahnt, sieht, obwohl diese nicht unmittelbar zu sehen sind in diesem Augenblick in Raum und Zeit. Schreibtische und

Sesseln sind sozusagen die nahestehenden Dinge des Philosophen, von wo aus die Philosoph*innen die reale Welt beobachten (Banfield 2000: 66 zit. in Ahmed 2007: 152). Körper die sich in Raum und Zeit bewegen sind notwendigerweise immer schon „orientiert" und in Kontakt mit Objekten. So ist auch die Kondition beschaffen, jener Rahmen bzw. jener Horizont also der den Körper in eine gewisse Richtung lenkt. Es eröffnen sich dadurch gewisse Möglichkeiten (am Schreibtisch zu schreiben) oder gewisse Perspektiven (Blickfeld aufs Bücherregal) und diese formen somit zugleich auch die Wahrnehmung über die Realität. Diese phänomenologische Art der Orientierung verbindet Ahmed mit Fanons Werk:

> "And then the occasion arose when I had to meet the white man's eyes. An unfamiliar weight burdened me. The real world challenged my claims. In the white world the man of color encounters difficulties in the development of his bodily schema. Consciousness of the body is solely a negating activity. It is a third-person consciousness. The body is surrounded by an atmosphere of certain uncertainty. I know that if I want to smoke, I shall have to reach out my right arm and take the pack of cigarettes lying at the other end of the table. The matches, however, are in the drawer on the left, and I shall have to lean back slightly. And all these movements are made not out of habit, but out of implicit knowledge." (Fanon, 1986: 110–11).

Fanon beschreibt hier die performative und intentionale Seite der Orientierung, die auf eine (gewünschte) Zukunft gerichtet ist. Wenn der Körper das Verlangen hat zu rauchen, muss der Körper sich der gegebenen Realität anpassen und „etwas tun" (Ahmed 2007: 153). Das Handeln wird auf eine gewünschte Sache gerichtet, ist intentional. Die reale Gegebenheit kann den Körper und sein Verlangen einschränken, oder ein solches Verlangen überhaupt erst wecken. Fanon überträgt diesen phänomenologischen Kerngedanken mit seiner Rassismustheorie. Rassistische und historische Dimensionen die über Mythen, Religionen, Diskurse, u.a. Geschichte (re-)produziert wurden (und noch immer werden) und unter der gesellschaftlichen Oberfläche, also zum Großteil im Bereich des Unbewussten angesiedelt sind – werden zu einer Art Orientierung, an der sich Körper und Subjekte anpassen (*racial epidermal schema*, Fanon 1986: 112). Fanon und Ahmed wollen mit der phänomenologischen Methode die soziale Komponente und „Aufgeladenheit" von (schwarzer) Haut aufdecken und somit die uns vorgegebene Struktur sichtbar machen. Diese vorgegebene Struktur ist somit der Ausgangspunkt unserer Wahrnehmung.

Der Ausgangspunkt oder der „Nullpunkt", wie es Husserl nennt, ist mit Fanons und Ahmeds Worten also „weiß". Race unterbricht („*interrupts*") den Körper insofern, dass der Körper bereits rassifiziert ist. Race formt die Struktur in welcher der Körper agiert und handelt (Ahmed 2007: 153). Race schafft also Privilegien für „die Einen" und Ausbeutungsmechanismen für „die Anderen". Fanon leitet das ab durch die vom Kolonialismus geformten Körper und das dadurch tradierte Wissen über „schwarze Körper". In seinem Werk von 1986 *Black Skin, White Masks* geht Fanon auf die systematische Ausgrenzung Schwarzer aus der weißen Dominantgesellschaft Frankreichs ein. Dieses Wissen, diese Ausgrenzung, diese Privilegienstrukturen zeichnen jenen Nullpunkt aus, der vor der individuellen „Ankunft" bereits vorhanden ist. Dieses Wissen ist tief in unserer Gesellschaft verankert und quasi unsichtbar. Körper erinnern sich an solch ein (habituelles) Wissen auch wenn sie es vergessen haben (sich dessen nicht bewusst sind). Einfach gesagt: Kolonialismus macht(e) die Welt „weiß".[2] Weiß ist in diesem Sinne keine ontologisch fixierte Kategorie, sondern kontigent und somit veränderbar.

3.2 Queerfeminismus

Das Konzept der Orientierung die bei Husserl eine zentrale Rolle seiner Phänomenologie einnimmt, verfolgt Ahmed (2006) in ihrem Buch *Queer Phenomenology* weiter. Orientierung hat – wie im letzten Abschnitt gezeigt – eine große Bedeutung für die Critical Race Studies, da sowohl Körper als Räumlichkeiten als immer schon „orientiert" (auf etwas oder jemanden gerichtet sind) zu betrachten sind. Auch in ihrem Buch von 2004 *The Cultural Politics of Emotion* verwendet sie das Konzept der Orientierung, in dem sie nachzeichnet wie Emotionen auf Objekte "gerichtet" (*oriented*) sind. Auch andere Konzepte der Phänomenologie werden für die Queer Studies und antirassistische bzw. postkoloniale Theorien verwendet (Sandra Battky 1990; Iris Marion Young (1990); Rosalyn Diprose (1994); Gail Weiss (1999); Edith Stein (1989); Lewis Gordon (1985); Linda Akoff (1999) (zit. nach Ahmed 2006: 4).

Für Ahmed (2006: 3) ist die Phänomenologie voller queerer Momente. Diese Momente sind voller Desorientierung. „Moments of disorientation [that Maurice Merleau-Ponty suggests] involve not only the intellectual experience of disorder, but the vital experience of giddeness and nausea, which is the awarness of our contingency, and the horror with which if fills us (Merleau-Ponty 2002: 296 zit. in Ahmed 2006: 3). Diese Momente der Desorientierung können als phänomenologische Reflexion betrachtet werden, da im Moment der Reflexion

---

[2] Den kolonialen Aspekt von „Weiß-Sein" – also im Detail die Struktur von Staatlichkeit und kapitalistischer Produktionsweise, die die Europäer weltweit „exportierten" finden wir in Fanon Werk *Die Verdammten dieser Erde* (1963). Kolonialismus als alltägliche und heute noch präsente Gegenwart kann auch bei Achille Mbembe (2001) nachgelesen werden. Er skizziert hierbei eine doppelte Perspektive: Kolonialismus wird als *madness* verstanden. Freiheit (die durch den Kolonialismus erworben wurde) ist madness und madness auf der anderen Seite ist die Limitation der Freiheit.

Vorannahmen, Grundlagen, Fundamente, subjektive Vorstellungen etc. ausgeklammert und ausgesetzt werden. Diese Aussetzung und Ausklammerung versteht Ahmed als queer.

Durch den Prozess der Orientierung machen wir das fremde zu etwas bekannten und zwar durch die Ausbreitung von Körper im Raum (Ahmed 2006: 11). Dort wo es Desorientierung kommt, hat die körperliche Extension fehlgeschlagen (ebd.). Orientierung sagt uns auch etwas über den Standpunkt des Körpers aus, der sich orientiert. In geographischen Begriffen gesprochen fixiert man einen Ort durch Breiten- und Längengrade ohne auf weitere Objekte oder Subjekte verweisen zu müssen. Bei einer Positionsangabe hingegen wird der Ort durch implizite Verweise auf andere Orte und Perspektiven festgemacht. Wenn man insofern vom „Nahen Osten" spricht, dann muss man sich fragen, von wem aus gesehen ist „der Osten" nahe? Die Orientierung, also die Positionsangabe sagt uns viel über den subjektiven Charakter aus, denn sie beschreibt gleichzeitig die Perspektive und Position desjenigen, der die Angaben tätigt. Die Zuschreibungen über den „Nahen Osten" und über den Orient sagen im Grunde mehr über den Okzident aus, als über den Orient selbst. Es wird also viel mehr über das Soziale als über tatsächliche Räume gesprochen. So verhält es sich auch über gesellschaftliche Normen und soziale Konventionen. „Links" wird etymologisch als schwach und nutzlos verstanden (ebd.: 13). Im Deutschen, genauer im Wiener Dialekt sagt man auch abwertend: „Der hot a linke gmocht", wenn jemand etwas illegales bzw. unethisches gemacht hat. Kant beschreibt links als die sensible Seite (zit. in Ahmed 2006: 13). Frauen und das rassifizierte Andere (*racial other*) werden mit der linken Gehirnhälfte assoziiert (ebd.). Rechts wird hingegen mit Wahrheit, Vernunft, Normalität und Geradlinigkeit verbunden (ebd.). Der Osten wird mit Weiblichkeit, Sexualität, etwas Exotischem und dem Westen unterlegenes verbunden. Es ist dementsprechend keine geopolitische Zufälligkeit, dass der Meridian als Linie die Westen und Osten imaginiert durch Greenwich/ London verläuft (ebd.). Dieser Nullpunkt ist von zentraler Bedeutung bei der Konstruktion des Anderen. „The placement of the prime meridian is a purely political decision" (ebd.). Was also als östlich definiert wird, hängt von der Perspektive, von der Orientierung des Meridians ab. Solche „Direktionen" wurden historisch (re-)produziert und sollen einen Weg weisen, bzw. uns „Orientierung" geben. Durch die Wiederholung dieser vorgegebenen „Wege" und Perspektiven verfestigt sich eine soziale Konstruktion. Genauso verhält es sich mit der Sexualität.

Homosexualität wurde historisch betrachtet als etwas „vom anderen Ufer", „nicht normal", „anders", „abartig" und „verrückt" verstanden. Homosexuelle können als „vom Kurs" abgewichene nur dann betrachtet werden, wenn der Kurs als soziale Kategorie fixiert wurde und als Norm verankert wurde. Das heterosexuelle Pärchen (aus Macht-technologischer Perspektive Foucaults auch: Malthusian Couple) ist also jene gesellschaftliche Norm, an der „man sich orientiert". Körper werden also insofern formiert, strukturiert, geordnet und auf den „normalen Weg" gebracht. Foucault sieht in der Pastoralmacht jene Kraft, die das Wissen über Sexualität (re-)produziert. Für Althusser sind es die ideologischen Staatsapparate (Schulen, Psychiatrien, Militär,…) die das Subjekt anrufen und dadurch erst formen. Raum formt den Körper und gibt ihm einen Orientierungsrahmen: Queer is, after all, a spatial term, which then gets translated into a sexual term, a term twisted sexuality that does not follow a „straight line", a sexuality that is bent and crooked. The spatiality of this term is not incidental. Sexuality itself can be considered a spatial formation not only in the sense that bodies are sexualized through how they inhabit space. The body orientates itself in space, for instance, by differentiating between "left" and "right", "up" and "down" and "near" and "far", and this orientation is crucial to the sexualization of the body" (Ahmed 2006: 38).

Die Phänomenologie hilft den Queer Studies die verschiedenen Wege, Perspektiven und Formationen des bevölkerten Raumes und deren Wirkung auf Körper und Sexualität zu reflektieren.

Mit diesen einführenden Gedanken zu Ahmeds Werken komme ich zu meiner Conclusio.

4. Conclusio

Mit der phänomenologischen Methode können „Übungen" (kritische Reflexionen) vollzogen werden, die die Vorannahmen, vorgegebene Wege, Orientierungen, Räumlichkeiten, Formationen, Vorurteile und subjektiven Gegebenheiten ausklammern, um wiederrum die unbewusst gelebten Orientierungen zu hinterfragen. Die Beziehung vom Raum zum Körper, sowie die Beziehung von Normierung und Sexualität stehen zur philosophischen Disposition in den Queer und Critical Race Studies. Die phänomenologische Methode ermöglicht die „als gegeben wahrgenommenen Dinge" nicht nur zu reflektieren, sondern eine Veränderung der Wahrnehmung zu ermöglichen. Da vorgegebene Wege, Vorannahmen, Normen usw. durch ihre soziale Wiederholung verstärkt und konstituiert werden, können durch queere Momente neue Wege und Pfade eröffnet werden. Ähnlich der Dekonstruktion (Derrida; Foucault) werden dadurch vorliegende gesellschaftliche Macht- und Herrschaftsverhältnisse auseinandergenommen (dekonstruiert), verschoben (Iteration) und radikal Infrage gestellt. Die strukturelle Ebenen des Rassismus oder Sexismus, die oftmals unter der gesellschaftlichen Oberfläche, d.h. tief im Unbewussten verankert sind („habituelles Wissen") werden dadurch sichtbar. Im-Sichtbarmachen wird der Raum für Kritik erst möglich. Das Sichtbarmachen ist somit ein erster und wichtiger Schritt solche Herrschaftsstrukturen zu überwinden. Genau diese Methode der Ausklammerung und radikalen Reflexion über uns vorgegebene Dinge der Welt, und die Perspektive des In-der-Welt-Seins (im Jetzt und Hier als Nullpunkt) ermöglichen den Queer und Critical Race Studies neue Instrumentarien. Vor allem der Begriff der Orientierung ist ein zentraler Baustein der Theorie von Sara Ahmed und wird in Bezug auf Antirassismus (Postcolonial bzw. Critical Race Studies) sowie Antisexismus (Queer Studies) verwendet.

Quellen- und Literaturverzeichnis

Ahmed, Sara (1999): Differences that Matter. Feminist Theory and Postmodernism. Cambridge: Cambridge University Press.

Ahmed, Sara & Stacey, Jackie (2001): Thinking Through The Skin. Transitions: Thinking Through Feminism. London/ New York: Routledge.

Ahmed, Sara (2004): The Cultural Politics of Emotion. Edinburgh: Edinburgh University Press.

Ahmed, Sara (2006): Queer Phenomenology. Orientations, Objects, Others. Durham/ London: Duke University Press.

Ahmed, Sara (2007): A phenomenology of whiteness. In: Feminist Theory. SAGE Publications. Vol. 8(2), S. 149 – 168.

Böhler, Arno/ Kruschkova, Krassimira & Granzer, Valerie Susanne (2014): Wissen wir, was ein Körper vermag? Rhizomatische Körper in Religion, Kunst, Philosophie. Bielefeld: Transcript Verlag.

Crenshaw, Kimberlé (1989). Demarginalizing the Intersection of Race and Sex: A Black Feminist Critique of Antidiscrimination Doctrine, Feminist Theory and Antiracist Politics. U. Chi. Legal F., 139–167.

Frantz, Fanon (1963): The Wretched of The Earth. New York: Grove Press.

Fanon, Frantz (1986): Black Skin, White Masks. London: Pluto Press.

Godina, Bojan. (2012): Die phänomenologische Methode Husserls für Sozial- und Geisteswissenschaftler. Wiesbaden: VS Springer Verlag. Halbmayer, Ernst (2020): Die Phänomenologie. https://www.univie.ac.at/ksa/elearning/cp/ksamethoden/ksamethoden-37.html.

Held, Klaus (1985): Die phänomenologische Methode: Ausgewählte Texte I. Berlin: Reclam.

Husserliana (Hua) (1953): Gesammelte Werke, Den Haag, §§ 27-36.

Krämer, Sybille (2018): Einführung in die Theoretische Philosophie. Vorlesung 10: Edmund Husserl. FU-Berlin.

Landweer, Hilge & Marcinski, Isabella (2016): Feministische Phänomenologie: Leib und Erfahrung. In: Ders. (2016): Dem Erleben auf der Spur. Feminismus und die Philosophie des Leibes. Bielefeld: Transcript Verlag, S. 7 – 24.

Marx, Werner (1987): Die Phänomenologie Edmund Husserls. Eine Einführung. München: Fink.

Römpp, Georg (2005): Husserls Phänomenologie. Eine Einführung. Marix Verlag: Wiesbaden.

Slaby, Jan (2016): Die Kraft des Zorns – Sara Ahmeds aktivistische Post-Phänomenologie. In: Landweer, Hilge & Marcinski, Isabella (2016): Dem Erleben auf der Spur. Feminismus und die Philosophie des Leibes. Bielefeld: Transcript Verlag, S. 279 – 302.

Staudigl, Michael (2015): Phänomenologie der Gewalt. Cham/ Heidelberg/ New York/ London: Springer Verlag.

Wang, Shin-Yun (2004): Die Methode der Epoché in der Phänomenologie Husserls. Dissertation der philosophischen Fakultät, Albert-Ludwig-Universität.

BEI GRIN MACHT SICH IHR WISSEN BEZAHLT

- Wir veröffentlichen Ihre Hausarbeit,
  Bachelor- und Masterarbeit

- Ihr eigenes eBook und Buch -
  weltweit in allen wichtigen Shops

- Verdienen Sie an jedem Verkauf

Jetzt bei www.GRIN.com hochladen und kostenlos publizieren